THIS NOTEBOOK
BELONGS TO

AND I WILL USE IT TO

CRUSH
MY GOALS

A GOAL SHOULD SCARE YOU A LITTLE AND EXCITE YOU A LOT

7 GOALS
I WANT TO ACHIEVE

DEADLINE
(be realistic)

1

/   /

2

/   /

3

/   /

4

/   /

5

/   /

6

/   /

7

/   /

7 GOALS
I WANT TO ACHIEVE

(Copy) just in case I need to try again!

DEADLINE
(be realistic)

1

___ / ___ / ___

2

___ / ___ / ___

3

___ / ___ / ___

4

___ / ___ / ___

5

___ / ___ / ___

6

___ / ___ / ___

7

___ / ___ / ___

HOW DO I KNOW WHAT MY GOALS ARE?

- WHAT TRULY MAKES ME HAPPY?
- WHAT EXCITES ME?
- WHAT IS POSSIBLE?
- WHERE DO I WANT TO BE IN 5 YEARS?
- WHAT AM I GOOD AT?
- WHAT DO I ENJOY DOING FOR FREE?
- WHAT ARE MY FAVOURITE ACTIVITIES
- WHAT ARE MY CORE VALUES?
- WHAT AM I PASSIONATE ABOUT?
- WHAT WOULD BE MY IDEAL DAY?
- AM I WILLING TO WORK HARD FOR IT?

7 GOALS
I WANT TO ACHIEVE

(Copy) just in case I need to try again!

DEADLINE
(be realistic)

1

 / /

2

 / /

3

 / /

4

 / /

5

 / /

6

 / /

7

 / /

7 GOALS
(Copy) just in case I need to try again!
I WANT TO ACHIEVE

DEADLINE
(be realistic)

1

/   /

2

/   /

3

/   /

4

/   /

5

/   /

6

/   /

7

/   /

TRY
TO BE A LITTLE
BETTER
EVERY DAY

DATE   /   /

GOAL I WILL
WORK ON TODAY: ....

WHAT I CAN DO TODAY TO HELP REACH THIS GOAL

.... ☐

.... ☐

.... ☐

.... ☐

.... ☐

DID I DO EVERYTHING ON MY LIST?

☐ **CRUSHED IT! I WILL
TREAT MYSELF WITH:** ....

☐ **NOPE! SO THIS IS WHAT
I'LL DO BETTER TOMORROW:** ....

....

DATE / /

**GOAL I WILL
WORK ON TODAY:** ....

WHAT I CAN DO <u>TODAY</u> TO HELP REACH THIS GOAL

.... ☐

.... ☐

.... ☐

.... ☐

.... ☐

DID I DO EVERYTHING ON MY LIST?

☐ **CRUSHED IT! I WILL
TREAT MYSELF WITH:** ....

☐ **NOPE! SO THIS IS WHAT
I'LL DO BETTER TOMORROW:** ....

....

DATE ___ / ___ / ___

GOAL I WILL WORK ON TODAY: ....

WHAT I CAN DO TODAY TO HELP REACH THIS GOAL

.... ☐

.... ☐

.... ☐

.... ☐

.... ☐

🌙 **DID I DO EVERYTHING ON MY LIST?**

☐ **CRUSHED IT! I WILL TREAT MYSELF WITH:** ....

☐ **NOPE! SO THIS IS WHAT I'LL DO BETTER TOMORROW:** ....

....

DATE ___ / ___ / ___

GOAL I WILL WORK ON TODAY: ....

WHAT I CAN DO TODAY TO HELP REACH THIS GOAL ☀

- .... ☐
- .... ☐
- .... ☐
- .... ☐
- .... ☐

☾ **DID I DO EVERYTHING ON MY LIST?**

☐ **CRUSHED IT! I WILL TREAT MYSELF WITH:** ....

☐ **NOPE! SO THIS IS WHAT I'LL DO BETTER TOMORROW:** ....

....

DATE / /

**GOAL I WILL
WORK ON TODAY:** ....

WHAT I CAN DO TODAY TO HELP REACH THIS GOAL

.... ☐

.... ☐

.... ☐

.... ☐

.... ☐

DID I DO EVERYTHING ON MY LIST?

☐ **CRUSHED IT! I WILL
TREAT MYSELF WITH:** ....

☐ **NOPE! SO THIS IS WHAT
I'LL DO BETTER TOMORROW:** ....

....

DATE / /

GOAL I WILL WORK ON TODAY: ....

WHAT I CAN DO TODAY TO HELP REACH THIS GOAL

- .... ☐
- .... ☐
- .... ☐
- .... ☐
- .... ☐

DID I DO EVERYTHING ON MY LIST?

☐ **CRUSHED IT! I WILL TREAT MYSELF WITH:** ....

☐ **NOPE! SO THIS IS WHAT I'LL DO BETTER TOMORROW:** ....

DATE / /

GOAL I WILL WORK ON TODAY: ....

WHAT I CAN DO TODAY TO HELP REACH THIS GOAL

.... ☐

.... ☐

.... ☐

.... ☐

.... ☐

🌙 DID I DO EVERYTHING ON MY LIST?

☐ **CRUSHED IT! I WILL TREAT MYSELF WITH:** ....

☐ **NOPE! SO THIS IS WHAT I'LL DO BETTER TOMORROW:** ....

....

I AM CRUSHING IT

5 THINGS I ACHIEVED THIS WEEK

1 ....

2 ....

3 ....

4 ....

5 ....

MY REWARD ....

DATE / /

GOAL I WILL
WORK ON TODAY: ....

WHAT I CAN DO TODAY TO HELP REACH THIS GOAL

- [ ] ....
- [ ] ....
- [ ] ....
- [ ] ....
- [ ] ....

DID I DO EVERYTHING ON MY LIST?

- [ ] **CRUSHED IT! I WILL TREAT MYSELF WITH:** ....

- [ ] **NOPE! SO THIS IS WHAT I'LL DO BETTER TOMORROW:** ....

....

DATE / /

GOAL I WILL WORK ON TODAY: ....

WHAT I CAN DO TODAY TO HELP REACH THIS GOAL

.... ☐

.... ☐

.... ☐

.... ☐

.... ☐

DID I DO EVERYTHING ON MY LIST?

☐ **CRUSHED IT! I WILL TREAT MYSELF WITH:** ....

☐ **NOPE! SO THIS IS WHAT I'LL DO BETTER TOMORROW:** ....

....

DATE   /   /

GOAL I WILL
WORK ON TODAY: ....

WHAT I CAN DO TODAY TO HELP REACH THIS GOAL

.... ☐

.... ☐

.... ☐

.... ☐

.... ☐

DID I DO EVERYTHING ON MY LIST?

☐ **CRUSHED IT! I WILL TREAT MYSELF WITH:** ....

☐ **NOPE! SO THIS IS WHAT I'LL DO BETTER TOMORROW:** ....

....

WINNERS
ARE NOT PEOPLE WHO
NEVER FAIL
BUT PEOPLE WHO
NEVER QUIT

DATE ___ / ___ / ___

**GOAL I WILL
WORK ON TODAY:** ....

WHAT I CAN DO TODAY TO HELP REACH THIS GOAL ☀

.... ☐

.... ☐

.... ☐

.... ☐

.... ☐

☾ **DID I DO EVERYTHING ON MY LIST?**

☐ **CRUSHED IT! I WILL
    TREAT MYSELF WITH:** ....

☐ **NOPE! SO THIS IS WHAT
    I'LL DO BETTER TOMORROW:** ....

....

DATE / /

GOAL I WILL WORK ON TODAY: ....

WHAT I CAN DO <u>TODAY</u> TO HELP REACH THIS GOAL

☐
☐
☐
☐
☐

DID I DO EVERYTHING ON MY LIST?

☐ **CRUSHED IT! I WILL TREAT MYSELF WITH:** ....

☐ **NOPE! SO THIS IS WHAT I'LL DO BETTER TOMORROW:** ....

DATE   /   /

GOAL I WILL WORK ON TODAY: ....

WHAT I CAN DO <u>TODAY</u> TO HELP REACH THIS GOAL

- [ ] ....
- [ ] ....
- [ ] ....
- [ ] ....
- [ ] ....

DID I DO EVERYTHING ON MY LIST?

- [ ] **CRUSHED IT! I WILL TREAT MYSELF WITH:** ....

- [ ] **NOPE! SO THIS IS WHAT I'LL DO BETTER TOMORROW:** ....

....

DATE / /

GOAL I WILL WORK ON TODAY: ....

WHAT I CAN DO TODAY TO HELP REACH THIS GOAL

- .... ☐
- .... ☐
- .... ☐
- .... ☐
- .... ☐

DID I DO EVERYTHING ON MY LIST?

☐ **CRUSHED IT! I WILL TREAT MYSELF WITH:** ....

☐ **NOPE! SO THIS IS WHAT I'LL DO BETTER TOMORROW:** ....

....

I AM CRUSHING IT

5 THINGS I ACHIEVED THIS WEEK

1 ....

2 ....

3 ....

4 ....

5 ....

MY REWARD ....

DATE / /

GOAL I WILL WORK ON TODAY: ....

WHAT I CAN DO <u>TODAY</u> TO HELP REACH THIS GOAL

- [ ] ....
- [ ] ....
- [ ] ....
- [ ] ....
- [ ] ....

DID I DO EVERYTHING ON MY LIST?

- [ ] **CRUSHED IT! I WILL TREAT MYSELF WITH:** ....

- [ ] **NOPE! SO THIS IS WHAT I'LL DO BETTER TOMORROW:** ....

....

DATE   /   /

GOAL I WILL WORK ON TODAY: ......

WHAT I CAN DO TODAY TO HELP REACH THIS GOAL

- [ ] ......
- [ ] ......
- [ ] ......
- [ ] ......
- [ ] ......

DID I DO EVERYTHING ON MY LIST?

- [ ] **CRUSHED IT! I WILL TREAT MYSELF WITH:** ......

- [ ] **NOPE! SO THIS IS WHAT I'LL DO BETTER TOMORROW:** ......

......

DATE ___/___/___

GOAL I WILL WORK ON TODAY: ....

WHAT I CAN DO TODAY TO HELP REACH THIS GOAL

- .... ☐
- .... ☐
- .... ☐
- .... ☐
- .... ☐

DID I DO EVERYTHING ON MY LIST?

☐ **CRUSHED IT! I WILL TREAT MYSELF WITH:** ....

☐ **NOPE! SO THIS IS WHAT I'LL DO BETTER TOMORROW:** ....

DATE   /   /

GOAL I WILL
WORK ON TODAY: ....

WHAT I CAN DO TODAY TO HELP REACH THIS GOAL

.... ☐

.... ☐

.... ☐

.... ☐

.... ☐

DID I DO EVERYTHING ON MY LIST?

☐ **CRUSHED IT! I WILL
TREAT MYSELF WITH:** ....

☐ **NOPE! SO THIS IS WHAT
I'LL DO BETTER TOMORROW:** ....

....

PERSISTENCE IS KEY TO SUCCESS

DATE   /   /

GOAL I WILL
WORK ON TODAY: ....

WHAT I CAN DO TODAY TO HELP REACH THIS GOAL

☐

☐

☐

☐

☐

DID I DO EVERYTHING ON MY LIST?

☐ **CRUSHED IT! I WILL
TREAT MYSELF WITH:** ....

☐ **NOPE! SO THIS IS WHAT
I'LL DO BETTER TOMORROW:** ....

....

DATE / /

GOAL I WILL WORK ON TODAY: ....

WHAT I CAN DO <u>TODAY</u> TO HELP REACH THIS GOAL

.... ☐

.... ☐

.... ☐

.... ☐

.... ☐

DID I DO EVERYTHING ON MY LIST?

☐ **CRUSHED IT! I WILL TREAT MYSELF WITH:** ....

☐ **NOPE! SO THIS IS WHAT I'LL DO BETTER TOMORROW:** ....

....

DATE / /

**GOAL I WILL
WORK ON TODAY:** ....

WHAT I CAN DO TODAY TO HELP REACH THIS GOAL

.... ☐

.... ☐

.... ☐

.... ☐

.... ☐

DID I DO EVERYTHING ON MY LIST?

☐ **CRUSHED IT! I WILL
TREAT MYSELF WITH:** ....

☐ **NOPE! SO THIS IS WHAT
I'LL DO BETTER TOMORROW:** ....

....

I AM CRUSHING IT

5 THINGS I ACHIEVED THIS WEEK

1 ....

2 ....

3 ....

4 ....

5 ....

MY REWARD ....

DATE   /   /

GOAL I WILL
WORK ON TODAY: ....

WHAT I CAN DO <u>TODAY</u> TO HELP REACH THIS GOAL

.... ☐

.... ☐

.... ☐

.... ☐

.... ☐

DID I DO EVERYTHING ON MY LIST?

☐ **CRUSHED IT! I WILL
TREAT MYSELF WITH:** ....

☐ **NOPE! SO THIS IS WHAT
I'LL DO BETTER TOMORROW:** ....

....

DATE / /

GOAL I WILL WORK ON TODAY: ....

WHAT I CAN DO <u>TODAY</u> TO HELP REACH THIS GOAL

.... ☐

.... ☐

.... ☐

.... ☐

.... ☐

DID I DO EVERYTHING ON MY LIST?

☐ **CRUSHED IT! I WILL TREAT MYSELF WITH:** ....

☐ **NOPE! SO THIS IS WHAT I'LL DO BETTER TOMORROW:** ....

....

DATE   /   /

GOAL I WILL
WORK ON TODAY: ....

WHAT I CAN DO TODAY TO HELP REACH THIS GOAL

.... ☐

.... ☐

.... ☐

.... ☐

.... ☐

DID I DO EVERYTHING ON MY LIST?

☐ **CRUSHED IT! I WILL**
   TREAT MYSELF WITH: ....

☐ **NOPE! SO THIS IS WHAT**
   I'LL DO BETTER TOMORROW: ....

....

DATE   /   /

GOAL I WILL
WORK ON TODAY: ....

WHAT I CAN DO <u>TODAY</u> TO HELP REACH THIS GOAL

.... ☐

.... ☐

.... ☐

.... ☐

.... ☐

DID I DO EVERYTHING ON MY LIST?

☐ **CRUSHED IT! I WILL
TREAT MYSELF WITH:** ....

☐ **NOPE! SO THIS IS WHAT
I'LL DO BETTER TOMORROW:** ....

....

THE FUTURE DEPENDS ON WHAT WORK YOU PUT IN TODAY

DATE / /

GOAL I WILL WORK ON TODAY: ....

WHAT I CAN DO TODAY TO HELP REACH THIS GOAL

☐
☐
☐
☐
☐

DID I DO EVERYTHING ON MY LIST?

☐ CRUSHED IT! I WILL TREAT MYSELF WITH: ....

☐ NOPE! SO THIS IS WHAT I'LL DO BETTER TOMORROW: ....
....

DATE ___ / ___ / ___

GOAL I WILL WORK ON TODAY: ....

WHAT I CAN DO <u>TODAY</u> TO HELP REACH THIS GOAL

- [ ] ....
- [ ] ....
- [ ] ....
- [ ] ....
- [ ] ....

DID I DO EVERYTHING ON MY LIST?

- [ ] **CRUSHED IT! I WILL TREAT MYSELF WITH:** ....

- [ ] **NOPE! SO THIS IS WHAT I'LL DO BETTER TOMORROW:** ....

....

DATE ___ / ___ / ___

GOAL I WILL WORK ON TODAY: ....

WHAT I CAN DO <u>TODAY</u> TO HELP REACH THIS GOAL ☀

- .... ☐
- .... ☐
- .... ☐
- .... ☐
- .... ☐

☾ **DID I DO EVERYTHING ON MY LIST?**

☐ **CRUSHED IT! I WILL TREAT MYSELF WITH:** ....

☐ **NOPE! SO THIS IS WHAT I'LL DO BETTER TOMORROW:** ....

....

I AM CRUSHING IT

5 THINGS I ACHIEVED THIS WEEK

1 ....

2 ....

3 ....

4 ....

5 ....

MY REWARD ....

DATE ___ / ___ / ___

GOAL I WILL WORK ON TODAY: ....

WHAT I CAN DO <u>TODAY</u> TO HELP REACH THIS GOAL

- .... ☐
- .... ☐
- .... ☐
- .... ☐
- .... ☐

DID I DO EVERYTHING ON MY LIST?

☐ **CRUSHED IT! I WILL TREAT MYSELF WITH:** ....

☐ **NOPE! SO THIS IS WHAT I'LL DO BETTER TOMORROW:** ....
....

DON'T WAIT FOR OPPORTUNITY CREATE IT

DATE / /

GOAL I WILL WORK ON TODAY: ....

WHAT I CAN DO <u>TODAY</u> TO HELP REACH THIS GOAL

☐
☐
☐
☐
☐

DID I DO EVERYTHING ON MY LIST?

☐ **CRUSHED IT! I WILL TREAT MYSELF WITH:** ....

☐ **NOPE! SO THIS IS WHAT I'LL DO BETTER TOMORROW:** ....

DATE   /   /

GOAL I WILL WORK ON TODAY: ....

WHAT I CAN DO <u>TODAY</u> TO HELP REACH THIS GOAL

.... ☐

.... ☐

.... ☐

.... ☐

.... ☐

DID I DO EVERYTHING ON MY LIST?

☐ **CRUSHED IT! I WILL TREAT MYSELF WITH:** ....

☐ **NOPE! SO THIS IS WHAT I'LL DO BETTER TOMORROW:** ....

....

DATE / /

GOAL I WILL WORK ON TODAY: ....

WHAT I CAN DO <u>TODAY</u> TO HELP REACH THIS GOAL

- [ ] ....
- [ ] ....
- [ ] ....
- [ ] ....
- [ ] ....

DID I DO EVERYTHING ON MY LIST?

- [ ] **CRUSHED IT! I WILL TREAT MYSELF WITH:** ....

- [ ] **NOPE! SO THIS IS WHAT I'LL DO BETTER TOMORROW:** ....

....

DATE ___ / ___ / ___

GOAL I WILL WORK ON TODAY: ....

WHAT I CAN DO <u>TODAY</u> TO HELP REACH THIS GOAL

- .... ☐
- .... ☐
- .... ☐
- .... ☐
- .... ☐

DID I DO EVERYTHING ON MY LIST?

☐ **CRUSHED IT! I WILL TREAT MYSELF WITH:** ....

☐ **NOPE! SO THIS IS WHAT I'LL DO BETTER TOMORROW:** ....

....

DATE / /

GOAL I WILL WORK ON TODAY: ....

WHAT I CAN DO TODAY TO HELP REACH THIS GOAL

.... ☐

.... ☐

.... ☐

.... ☐

.... ☐

DID I DO EVERYTHING ON MY LIST?

☐ **CRUSHED IT! I WILL TREAT MYSELF WITH:** ....

☐ **NOPE! SO THIS IS WHAT I'LL DO BETTER TOMORROW:** ....

....

DATE __ / __ / __

GOAL I WILL WORK ON TODAY: ....

WHAT I CAN DO <u>TODAY</u> TO HELP REACH THIS GOAL

☐
....
☐
....
☐
....
☐
....
☐
....

DID I DO EVERYTHING ON MY LIST?

☐ **CRUSHED IT! I WILL TREAT MYSELF WITH:** ....

☐ **NOPE! SO THIS IS WHAT I'LL DO BETTER TOMORROW:** ....

....

I AM CRUSHING IT

5 THINGS I ACHIEVED THIS WEEK

1 ....

2 ....

3 ....

4 ....

5 ....

MY REWARD ....

DATE   /   /

GOAL I WILL
WORK ON TODAY: ....

WHAT I CAN DO TODAY TO HELP REACH THIS GOAL

.... ☐

.... ☐

.... ☐

.... ☐

.... ☐

DID I DO EVERYTHING ON MY LIST?

☐ **CRUSHED IT! I WILL
TREAT MYSELF WITH:** ....

☐ **NOPE! SO THIS IS WHAT
I'LL DO BETTER TOMORROW:** ....

....

DATE / /

**GOAL I WILL
WORK ON TODAY:** ....

WHAT I CAN DO TODAY TO HELP REACH THIS GOAL

.... ☐

.... ☐

.... ☐

.... ☐

.... ☐

DID I DO EVERYTHING ON MY LIST?

☐ **CRUSHED IT! I WILL
TREAT MYSELF WITH:** ....

☐ **NOPE! SO THIS IS WHAT
I'LL DO BETTER TOMORROW:** ....

....

STARVE
YOUR DISTRACTIONS

FEED
YOUR
FOCUS

DATE ___ / ___ / ___

GOAL I WILL WORK ON TODAY: ....

WHAT I CAN DO TODAY TO HELP REACH THIS GOAL

- .... ☐
- .... ☐
- .... ☐
- .... ☐
- .... ☐

DID I DO EVERYTHING ON MY LIST?

☐ **CRUSHED IT! I WILL TREAT MYSELF WITH:** ....

☐ **NOPE! SO THIS IS WHAT I'LL DO BETTER TOMORROW:** ....

....

DATE / /

**GOAL I WILL
WORK ON TODAY:** ....

WHAT I CAN DO <u>TODAY</u> TO HELP REACH THIS GOAL ☀

.... ☐

.... ☐

.... ☐

.... ☐

.... ☐

☾ **DID I DO EVERYTHING ON MY LIST?**

☐ **CRUSHED IT! I WILL
TREAT MYSELF WITH:** ....

☐ **NOPE! SO THIS IS WHAT
I'LL DO BETTER TOMORROW:** ....

....

DATE   /   /

GOAL I WILL
WORK ON TODAY: ....

WHAT I CAN DO <u>TODAY</u> TO HELP REACH THIS GOAL

- [ ] ....
- [ ] ....
- [ ] ....
- [ ] ....
- [ ] ....

DID I DO EVERYTHING ON MY LIST?

- [ ] **CRUSHED IT! I WILL TREAT MYSELF WITH:** ....

- [ ] **NOPE! SO THIS IS WHAT I'LL DO BETTER TOMORROW:** ....

....

DATE   /   /

GOAL I WILL
WORK ON TODAY: ....

WHAT I CAN DO <u>TODAY</u> TO HELP REACH THIS GOAL

- [ ] ....
- [ ] ....
- [ ] ....
- [ ] ....
- [ ] ....

DID I DO EVERYTHING ON MY LIST?

- [ ] **CRUSHED IT! I WILL TREAT MYSELF WITH:** ....

- [ ] **NOPE! SO THIS IS WHAT I'LL DO BETTER TOMORROW:** ....

....

DATE / /

GOAL I WILL WORK ON TODAY: ....

WHAT I CAN DO <u>TODAY</u> TO HELP REACH THIS GOAL

- .... ☐
- .... ☐
- .... ☐
- .... ☐
- .... ☐

DID I DO EVERYTHING ON MY LIST?

☐ **CRUSHED IT! I WILL TREAT MYSELF WITH:** ....

☐ **NOPE! SO THIS IS WHAT I'LL DO BETTER TOMORROW:** ....

....

I AM CRUSHING IT

5 THINGS I ACHIEVED THIS WEEK

1 ....

2 ....

3 ....

4 ....

5 ....

MY REWARD ....

DATE / /

**GOAL I WILL
WORK ON TODAY:** ....

WHAT I CAN DO <u>TODAY</u> TO HELP REACH THIS GOAL

☐ ....

☐ ....

☐ ....

☐ ....

☐ ....

DID I DO EVERYTHING ON MY LIST?

☐ **CRUSHED IT! I WILL
TREAT MYSELF WITH:** ....

☐ **NOPE! SO THIS IS WHAT
I'LL DO BETTER TOMORROW:** ....

....

DATE   /   /

GOAL I WILL
WORK ON TODAY: ....

WHAT I CAN DO <u>TODAY</u> TO HELP REACH THIS GOAL ☀

.... ☐

.... ☐

.... ☐

.... ☐

.... ☐

🌙   ### DID I DO EVERYTHING ON MY LIST?

☐ **CRUSHED IT! I WILL**
TREAT MYSELF WITH: ....

☐ **NOPE! SO THIS IS WHAT**
I'LL DO BETTER TOMORROW: ....

....

DATE / /

**GOAL I WILL
WORK ON TODAY:** ....

WHAT I CAN DO TODAY TO HELP REACH THIS GOAL

.... ☐

.... ☐

.... ☐

.... ☐

.... ☐

DID I DO EVERYTHING ON MY LIST?

☐ **CRUSHED IT! I WILL
TREAT MYSELF WITH:** ....

☐ **NOPE! SO THIS IS WHAT
I'LL DO BETTER TOMORROW:** ....

....

IS ANOTHER CHANCE

TO GET

BETTER

DATE / /

**GOAL I WILL
WORK ON TODAY:** ....

WHAT I CAN DO <u>TODAY</u> TO HELP REACH THIS GOAL

- [ ] ....
- [ ] ....
- [ ] ....
- [ ] ....
- [ ] ....

DID I DO EVERYTHING ON MY LIST?

- [ ] **CRUSHED IT! I WILL
  TREAT MYSELF WITH:** ....

- [ ] **NOPE! SO THIS IS WHAT
  I'LL DO BETTER TOMORROW:** ....

....

DATE   /   /

GOAL I WILL
WORK ON TODAY: ....

WHAT I CAN DO <u>TODAY</u> TO HELP REACH THIS GOAL   ☀

.... ☐

.... ☐

.... ☐

.... ☐

.... ☐

☾   DID I DO EVERYTHING ON MY LIST?

☐ **CRUSHED IT! I WILL
TREAT MYSELF WITH:** ....

☐ **NOPE! SO THIS IS WHAT
I'LL DO BETTER TOMORROW:** ....

....

DATE / /

**GOAL I WILL
WORK ON TODAY:** ....

WHAT I CAN DO TODAY TO HELP REACH THIS GOAL

☐
☐
☐
☐
☐

DID I DO EVERYTHING ON MY LIST?

☐ **CRUSHED IT! I WILL
TREAT MYSELF WITH:** ....

☐ **NOPE! SO THIS IS WHAT
I'LL DO BETTER TOMORROW:** ....

....

DATE __ / __ / __

GOAL I WILL WORK ON TODAY: ....

WHAT I CAN DO <u>TODAY</u> TO HELP REACH THIS GOAL

- .... ☐
- .... ☐
- .... ☐
- .... ☐
- .... ☐

DID I DO EVERYTHING ON MY LIST?

☐ **CRUSHED IT! I WILL TREAT MYSELF WITH:** ....

☐ **NOPE! SO THIS IS WHAT I'LL DO BETTER TOMORROW:** ....
....

DATE ___ / ___ / ___

GOAL I WILL WORK ON TODAY: ....

WHAT I CAN DO <u>TODAY</u> TO HELP REACH THIS GOAL

- .... ☐
- .... ☐
- .... ☐
- .... ☐
- .... ☐

DID I DO EVERYTHING ON MY LIST?

☐ **CRUSHED IT! I WILL TREAT MYSELF WITH:** ....

☐ **NOPE! SO THIS IS WHAT I'LL DO BETTER TOMORROW:** ....

....

I AM CRUSHING IT

5 THINGS I ACHIEVED THIS WEEK

1 ....

2 ....

3 ....

4 ....

5 ....

MY REWARD ....

DATE / /

GOAL I WILL WORK ON TODAY: ....

WHAT I CAN DO TODAY TO HELP REACH THIS GOAL

- .... ☐
- .... ☐
- .... ☐
- .... ☐
- .... ☐

DID I DO EVERYTHING ON MY LIST?

☐ **CRUSHED IT! I WILL TREAT MYSELF WITH:** ....

☐ **NOPE! SO THIS IS WHAT I'LL DO BETTER TOMORROW:** ....

....

DATE ___ / ___ / ___

**GOAL I WILL
WORK ON TODAY:** ....

WHAT I CAN DO <u>TODAY</u> TO HELP REACH THIS GOAL

.... ☐

.... ☐

.... ☐

.... ☐

.... ☐

DID I DO EVERYTHING ON MY LIST?

☐ **CRUSHED IT! I WILL
TREAT MYSELF WITH:** ....

☐ **NOPE! SO THIS IS WHAT
I'LL DO BETTER TOMORROW:** ....

....

DATE ___ / ___ / ___

GOAL I WILL WORK ON TODAY: ....

WHAT I CAN DO <u>TODAY</u> TO HELP REACH THIS GOAL

- [ ] ....
- [ ] ....
- [ ] ....
- [ ] ....
- [ ] ....

DID I DO EVERYTHING ON MY LIST?

- [ ] **CRUSHED IT! I WILL TREAT MYSELF WITH:** ....

- [ ] **NOPE! SO THIS IS WHAT I'LL DO BETTER TOMORROW:** ....

....

DATE / /

**GOAL I WILL
WORK ON TODAY:** ....

WHAT I CAN DO TODAY TO HELP REACH THIS GOAL

.... ☐

.... ☐

.... ☐

.... ☐

.... ☐

DID I DO EVERYTHING ON MY LIST?

☐ **CRUSHED IT! I WILL
TREAT MYSELF WITH:** ....

☐ **NOPE! SO THIS IS WHAT
I'LL DO BETTER TOMORROW:** ....

....

GREAT THINGS

NEVER CAME FROM

COMFORT
ZONES

DATE ___ / ___ / ___

GOAL I WILL WORK ON TODAY: ....

WHAT I CAN DO <u>TODAY</u> TO HELP REACH THIS GOAL

- .... ☐
- .... ☐
- .... ☐
- .... ☐
- .... ☐

DID I DO EVERYTHING ON MY LIST?

☐ **CRUSHED IT! I WILL TREAT MYSELF WITH:** ....

☐ **NOPE! SO THIS IS WHAT I'LL DO BETTER TOMORROW:** ....

....

DATE ___ / ___ / ___

GOAL I WILL WORK ON TODAY: ....

WHAT I CAN DO <u>TODAY</u> TO HELP REACH THIS GOAL ☀

.... ☐

.... ☐

.... ☐

.... ☐

.... ☐

☾ ### DID I DO EVERYTHING ON MY LIST?

☐ **CRUSHED IT! I WILL TREAT MYSELF WITH:** ....

☐ **NOPE! SO THIS IS WHAT I'LL DO BETTER TOMORROW:** ....

....

DATE ___ / ___ / ___

**GOAL I WILL
WORK ON TODAY:** ....

WHAT I CAN DO <u>TODAY</u> TO HELP REACH THIS GOAL

- .... ☐
- .... ☐
- .... ☐
- .... ☐
- .... ☐

DID I DO EVERYTHING ON MY LIST?

☐ **CRUSHED IT! I WILL
TREAT MYSELF WITH:** ....

☐ **NOPE! SO THIS IS WHAT
I'LL DO BETTER TOMORROW:** ....

....

I AM CRUSHING IT

5 THINGS I ACHIEVED THIS WEEK

1 ....

2 ....

3 ....

4 ....

5 ....

MY REWARD ....

DATE / /

**GOAL I WILL
WORK ON TODAY:** ....

WHAT I CAN DO <u>TODAY</u> TO HELP REACH THIS GOAL

.... ☐

.... ☐

.... ☐

.... ☐

.... ☐

DID I DO EVERYTHING ON MY LIST?

☐ **CRUSHED IT! I WILL
TREAT MYSELF WITH:** ....

☐ **NOPE! SO THIS IS WHAT
I'LL DO BETTER TOMORROW:** ....

....

DATE / /

GOAL I WILL WORK ON TODAY: ....

WHAT I CAN DO <u>TODAY</u> TO HELP REACH THIS GOAL

- [ ] ....
- [ ] ....
- [ ] ....
- [ ] ....
- [ ] ....

DID I DO EVERYTHING ON MY LIST?

- [ ] **CRUSHED IT! I WILL TREAT MYSELF WITH:** ....

- [ ] **NOPE! SO THIS IS WHAT I'LL DO BETTER TOMORROW:** ....

....

DATE ___ / ___ / ___

GOAL I WILL WORK ON TODAY: ....

WHAT I CAN DO <u>TODAY</u> TO HELP REACH THIS GOAL

- [ ] ....
- [ ] ....
- [ ] ....
- [ ] ....
- [ ] ....

DID I DO EVERYTHING ON MY LIST?

- [ ] **CRUSHED IT! I WILL TREAT MYSELF WITH:** ....

- [ ] **NOPE! SO THIS IS WHAT I'LL DO BETTER TOMORROW:** ....

....

GOOD
VIBES
ONLY

DATE / /

**GOAL I WILL
WORK ON TODAY:** ....

WHAT I CAN DO TODAY TO HELP REACH THIS GOAL

☐ ....

☐ ....

☐ ....

☐ ....

☐ ....

DID I DO EVERYTHING ON MY LIST?

☐ **CRUSHED IT! I WILL
TREAT MYSELF WITH:** ....

☐ **NOPE! SO THIS IS WHAT
I'LL DO BETTER TOMORROW:** ....

....

DATE / /

GOAL I WILL WORK ON TODAY: ....

WHAT I CAN DO <u>TODAY</u> TO HELP REACH THIS GOAL

- .... ☐
- .... ☐
- .... ☐
- .... ☐
- .... ☐

DID I DO EVERYTHING ON MY LIST?

☐ **CRUSHED IT! I WILL TREAT MYSELF WITH:** ....

☐ **NOPE! SO THIS IS WHAT I'LL DO BETTER TOMORROW:** ....

....

DATE / /

**GOAL I WILL
WORK ON TODAY:** ....

WHAT I CAN DO TODAY TO HELP REACH THIS GOAL

.... ☐

.... ☐

.... ☐

.... ☐

.... ☐

DID I DO EVERYTHING ON MY LIST?

☐ **CRUSHED IT! I WILL
TREAT MYSELF WITH:** ....

☐ **NOPE! SO THIS IS WHAT
I'LL DO BETTER TOMORROW:** ....

....

DATE ___ / ___ / ___

GOAL I WILL WORK ON TODAY: ....

WHAT I CAN DO <u>TODAY</u> TO HELP REACH THIS GOAL

- .... ☐
- .... ☐
- .... ☐
- .... ☐
- .... ☐

DID I DO EVERYTHING ON MY LIST?

☐ **CRUSHED IT! I WILL TREAT MYSELF WITH:** ....

☐ **NOPE! SO THIS IS WHAT I'LL DO BETTER TOMORROW:** ....

....

I AM CRUSHING IT

5 THINGS I ACHIEVED THIS WEEK

1 ....

2 ....

3 ....

4 ....

5 ....

MY REWARD ....

DATE / /

GOAL I WILL WORK ON TODAY: ....

WHAT I CAN DO <u>TODAY</u> TO HELP REACH THIS GOAL

- ☐ ....
- ☐ ....
- ☐ ....
- ☐ ....
- ☐ ....

DID I DO EVERYTHING ON MY LIST?

☐ **CRUSHED IT! I WILL TREAT MYSELF WITH:** ....

☐ **NOPE! SO THIS IS WHAT I'LL DO BETTER TOMORROW:** ....

....

DATE / /

**GOAL I WILL
WORK ON TODAY:** ....

WHAT I CAN DO TODAY TO HELP REACH THIS GOAL

.... ☐

.... ☐

.... ☐

.... ☐

.... ☐

DID I DO EVERYTHING ON MY LIST?

☐ **CRUSHED IT! I WILL
TREAT MYSELF WITH:** ....

☐ **NOPE! SO THIS IS WHAT
I'LL DO BETTER TOMORROW:** ....

....

DATE ___ / ___ / ___

GOAL I WILL WORK ON TODAY: ....

WHAT I CAN DO <u>TODAY</u> TO HELP REACH THIS GOAL

.... ☐

.... ☐

.... ☐

.... ☐

.... ☐

DID I DO EVERYTHING ON MY LIST?

☐ **CRUSHED IT! I WILL TREAT MYSELF WITH:** ....

☐ **NOPE! SO THIS IS WHAT I'LL DO BETTER TOMORROW:** ....

....

DATE ___ / ___ / ___

**GOAL I WILL
WORK ON TODAY:** ....

WHAT I CAN DO <u>TODAY</u> TO HELP REACH THIS GOAL ☀

- .... ☐
- .... ☐
- .... ☐
- .... ☐
- .... ☐

☾ **DID I DO EVERYTHING ON MY LIST?**

☐ **CRUSHED IT! I WILL
TREAT MYSELF WITH:** ....

☐ **NOPE! SO THIS IS WHAT
I'LL DO BETTER TOMORROW:** ....

....

LIVE THE LIFE YOU LOVE

DATE ___ / ___ / ___

GOAL I WILL WORK ON TODAY: ....

WHAT I CAN DO <u>TODAY</u> TO HELP REACH THIS GOAL ☀

- .... ☐
- .... ☐
- .... ☐
- .... ☐
- .... ☐

☾ **DID I DO EVERYTHING ON MY LIST?**

☐ **CRUSHED IT! I WILL TREAT MYSELF WITH:** ....

☐ **NOPE! SO THIS IS WHAT I'LL DO BETTER TOMORROW:** ....

....

DATE / /

GOAL I WILL WORK ON TODAY: ....

WHAT I CAN DO <u>TODAY</u> TO HELP REACH THIS GOAL

.... ☐

.... ☐

.... ☐

.... ☐

.... ☐

DID I DO EVERYTHING ON MY LIST?

☐ **CRUSHED IT! I WILL TREAT MYSELF WITH:** ....

☐ **NOPE! SO THIS IS WHAT I'LL DO BETTER TOMORROW:** ....

....

DATE ___ / ___ / ___

**GOAL I WILL
WORK ON TODAY:** ....

WHAT I CAN DO TODAY TO HELP REACH THIS GOAL

.... ☐

.... ☐

.... ☐

.... ☐

.... ☐

DID I DO EVERYTHING ON MY LIST?

☐ **CRUSHED IT! I WILL
TREAT MYSELF WITH:** ....

☐ **NOPE! SO THIS IS WHAT
I'LL DO BETTER TOMORROW:** ....

....

JUST BE YOU

I AM CRUSHING IT

5 THINGS I ACHIEVED THIS WEEK

1 ....

2 ....

3 ....

4 ....

5 ....

MY REWARD ....

I AM CRUSHING IT

5 THINGS I ACHIEVED THIS MONTH

1 ....

2 ....

3 ....

4 ....

5 ....

MY REWARD ....

I AM CRUSHING IT

5 THINGS I ACHIEVED THIS YEAR

1 ....

2 ....

3 ....

4 ....

5 ....

MY REWARD ....

I AM CRUSHING IT

5 THINGS I AM GRATEFUL FOR

1 ....

2 ....

3 ....

4 ....

5 ....

MY REWARD ....